Kerstin Stefanie Rothenbächer

AF285936

Für Dich

Herstellung und Verlag:

BoD- Books on Demand, Norderstedt

Bibliografische Information der Deutschen Nationalbibliothek
Die Deutsche Nationalbibliothek verzeichnet diese Publikation in der
Deutschen Nationalbibliografie; detaillierte bibliografische Daten sind im
Internet über http://dnb.d-nb.de abrufbar.

ISBN 9783833492150

Lass mich frei

Halt mich fest,
das sagte ich.
Doch ich meinte nicht,
dass Du mich fesseln sollst.

Mich einsperren, verstecken,
mich isolieren und foltern.
Du solltest nur da sein,
mich ein bisschen trösten.

Und jetzt glaubst Du,
ich dürfte Dich nie verlassen.
Ich bräuchte nichts mehr
als immer nur Dich.

Es tut mir leid,
dass Du mich falsch verstanden hast.
Ich möchte nie gefangen sein –
lass mich frei!

Verzeih

Schau mir in die Augen
und sage mir dann,
ob Dir dieser Blick
jemals wehtun kann.

Schau auf meine Hände
und verschweige nicht,
ob deren Berührung
schlagen könnte Dich.

Schau auf meinen Mund
und dann stell Dir vor,
ob jemals daraus
Böses käm' ans Ohr.

Schau mir in die Seele
tief in mich hinein.
Könntest Du mir dann
jemals böse sein?

Top Secret

Außen wild – ein harter Typ
Ohne Rücksicht – innen lieb

Außen stark – ohne Gefühl
Nur allein zeigst Du viel

Wenn ich mit Dir rede,
bist Du sanft und weich.
Wie soll ich das spüren?
Außen ist nicht gleich.

Innen romantisch – sentimental
Außen nur kalt und brutal

Innen verträumt und verliebt,
doch froh, dass es Dich gibt.

Angst

Ich habe Angst,
Deine Liebe zu verlieren.
Mein Herz wär' für immer kalt.

Ich habe Angst,
in der Dunkelheit zu frieren.
Dort wird die Seele so alt.

Ich habe Angst,
die Zukunft zu kennen.
Denn im Moment geht's mir so gut.

Ich habe Angst,
die Wahrheit zu sehen.
Zur Wirklichkeit gehört viel Mut.

Ich habe Angst,
Dir mein Herz zu geben.
Vielleicht ist Deines nicht rein.

Ich habe Angst
und ich gebe mein Leben
aus Angst, alleine zu sein.

Manchmal

Manchmal möchte ich Dich küssen,
doch zu oft muss ich verstehen,
dass sie es nicht wissen müssen
und sie dürfen es nicht sehen.

Manchmal möchte ich Dir zeigen,
was in meinem Herz drin steht.
Doch ich muss es dann verschweigen –
sie sind, warum es nicht geht.

Manchmal möcht' ich Dich allein –
nur für eine halbe Stunde,
nur mit Dir zusammen sein,
doch sie stören unsre Runde.

Manchmal wünscht' ich mir, die Welt wär'
leer.
Es gäb' nur Dich und mich.
Ich dreh' mich um, bereu' es sehr –
sie sind's – sie verjagt man nicht.

Die Wand

Ich hoffe so sehr,
dass wir beide
die Wand endlich
herunter reißen können.

Die Wand, die
wir beide aufbauten.
Höher – so hoch,
dass wir uns nicht fühlen können.

Eine Wand aus Eifersucht,
nicht erfüllten Träumen,
fehlender Zuneigung
und Egoismus.

Auf meiner Seite
steht jemand,
der sich wünschte,
ich würde mich abwenden.

Aber ich stehe
vor unserer Wand
und versuche,
Dich zu erreichen.

Ich möchte
wieder Dein Herz lesen
und lieben können,
um bei Dir zu bleiben.

Aus meinem Herz

Ich wünsche mir,
Dich zu vergessen.
Wünsch' mir so,
Dir zu entfliehen.

Ich glaube nicht,
dass Du jetzt leidest.
Hast Dein Herz
schon neu verliehen.

Ich hoffe nur,
Du wirst nicht folgen,
mir nicht noch mehr
Schmerz bereiten.

Ich fühle mich
schon jetzt verraten,
sehne mich
nach besseren Zeiten.

Ich träume nur,
neu zu beginnen.
Ich träume, doch
wann wird es wahr?

Ich kann noch
keinen Neuen lieben.
In meinem Kopf
bist Du noch da.

Da bist Du

Mir kann
nichts Schlimmes passieren.
Ich kann
mit Lächeln verlieren.

Mir geht's
jeden Tag so gut.
Ich finde
ständig neuen Mut.

Ich bin nie
einsam und allein.
Ich darf immer
glücklich sein.

Ich lebe
voller Euphorie.
Ich träume,
doch brauch' ich es nie.

Da ist so viel,
so viel Liebe für mich.
Ich brauch' niemand anderen
-   denn ich habe Dich!

Weg zu Dir

Ich hatte einen Weg,
lang zu laufen,
um bei Dir zu sein.

Ich hatte Sehnsucht,
ich war die ganze
Zeit so allein.

Kein Berg, kein Zweifel
doch hieß mich zurück.
Zu Dir muss ich gehen.

Keine Sorge, kein Mensch
konnt' mich halten.
Ich will zu Dir stehen.

Ich hatte Tränen,
kämpfte mich durch.
Alles nur für Dich.

Ich hatte Dunkelheit
und hatte Kälte,
doch Du wartest auf mich.

Tief in meinem Herz

Tief in meinem Herz
hab ich Dich gefangen.
Würdest Du nur nie
mehr ans Licht gelangen.

Mit meiner Liebe
fessle ich Dich an mich.
Für mein Glück und mein Leben
brauche ich Dich.

Tief in meiner Seele
will ich Dich besitzen,
vor Schmerz und Leid
Dich beschützen.

Mit meinem Verstand
geb ich Dich frei.
Nur mein Herz,
das ist entzwei.

Heartbreaker

Alles war normal.
Nie geschah etwas.
Ich wartete.

Doch irgendwann
hörte ich auf zu warten.
Ich hoffte nur.

Und dann passierte es:
Wirklich und wahr –
Du kamst.

Plötzlich, unerwartet,
schön, ungewöhnlich,
aber unvergesslich.

Jetzt ist nichts normal.
Doch ich wünschte mir,
ich könnte noch hoffen:
Auf Dich!

Ich suche den Himmel

Wenn ich traurig
wenn mir die Tränen kommen
ich suche den Himmel.

Wenn ich verlassen bin
wenn mich die Einsamkeit nicht los lässt
ich suche den Himmel.

Wenn ich aus Fehlern gelernt habe
wenn Wahrheiten mich entsetzen
ich suche den Himmel.

Wenn Träume zerbrechen
und mit ihnen mein Herz
ich suche den Himmel.

Wenn Du da bist
und mir in die Augen siehst
habe ich ihn gefunden.

In meinem Herzen

In meinen Augen
find ich Dich
wär' so gern bei Dir.

In meinen Träumen
Du und ich
Warum bist Du nicht hier?

In meinen Armen
such ich Dich
brauch ich Dich so sehr.

In meinem Herzen
nur für mich
geb' Dich nie mehr her.

Wie jedes Mal

Ich spüre es
wie so oft
wenn es mich überkommt.

Wenn es mir
wie Schuppen von
den Augen fällt.

Das, was ich fühle.

Wieder suche ich
nach den richtigen Worten,
um es zu beschreiben,
um es Dir zu sagen.

Aber es gibt kein Wort,
das mehr bedeutet als Liebe
Zusammengehörigkeit,
traumhafte Zweisamkeit.

Und wieder hab ich
Dich angestoßen
und Du schaust
mich erwartungsvoll an.

Aber es kommt
nichts anderes heraus
als „Ich liebe Dich"
so wie jedes Mal.

Hin zu Dir

Es zieht mich hin zu Dir,
bei Dir will ich sein.
Verboten doch für mich
so bin ich allein.

Es zieht mich hin zu Dir,
verlier meinen Verstand.
Könnt' glauben, ich hätt'
Dich ewig schon gekannt.

Es zieht mich hin zu Dir,
lacht mein Herz Dich an.
Darf ich Dich nicht lieben,
bricht es noch daran.

Es zieht mich hin zu Dir,
träume Tag und Nacht
und desto trotz…
wäre doch gelacht.

Es zieht mich hin zu Dir,
geb' mein Leben hin.
Liebe Dich nur Dich
und verlasse ihn.

Sei lieb zu ihm

Sei lieb zu ihm.
Er ist es wert,
denn er hat sich nie beschwert.

Pass auf ihn auf,
denn dann und wann
man seine Seele verletzen kann.

Tu ihm nie weh,
er könnt's nicht ertragen.
Weil er Dich liebt – ohne es zu sagen.

Bleib ihm treu,
sein Herz ist Gold –
von mir hat er's nicht gewollt.

Es ist nur mein Herz

Es ist nur mein Herz,
das unter Dir leidet.
Nur mein kleines Herz,
das sich so quält.

Es ist nur meine Liebe,
die nun Deine meidet.
Nur meine tiefe Liebe,
der es an nichts fehlt.

Es ist nur Dein Herz,
das Du nie gegeben.
Nur dein kaltes Herz,
dass ich vermisst'.

Es ist nur Deine Liebe,
die nie füllte mein Leben.
Nur Deine stolze Liebe,
die nur für Dich ist.

Meine Liebe

Deinem Herz folgen,
kein Weg ist zu weit.
In meinen Gedanken
sind wir schon zu zweit.

Dein Wort begreifen,
uns Zukunft schenken.
Ich kann den
Traum schon lenken.

Deiner Liebe begegnen
und sie umfassen.
Stark in Gefühl,
sich gehen lassen.

Dein Glück suchen
in meinem Leben.
Dich zu finden,
alles würd' ich geben.

Rendezvous

Ich und Du
Rendezvous
Doch die Zeit vergeht

Du und ich
gibt es nicht
bis die Zeit still steht

Bist nicht mein
bin nicht allein
meine Traurigkeit

Bin nicht Dein
werd's nie sein
bis ans Ende der Zeit.

Fern von Dir

Fern von Dir
so lebe ich
in den Tag hinein

Hoffentlich
werde ich
einmal bei Dir sein

Fern von mir
liebst du mich?
Kannst Du in mich sehen?

Wirklichkeit
Du und ich
- niemand wird's verstehen.

Für Dich

Für Dich würd ich
die Welt erobern
Dir zu Füßen legen

Für Dich würd ich
den Glückstern finden
und den Sternenregen

Für Dich möchte ich
die Sorgen lindern
Deine Augen lachen sehen

Für Dich möcht ich
die Tränen trocknen
den Weg mit Dir gehen

Für Dich will ich
meine Liebe wahren
mein Leben für Dich

Für Dich will
die Angst vertreiben
Du liebtest mich nicht.

Mein Leben für Dich

Dich mit Küssen
zu überschütten
Dir die Welt
zu Füssen legen

Dir mein Herz
zu offenbaren
Dich für mich
auf allen Wegen

Dein Herz für
mich gewinnen
Du bist ein
Traum für mich

Mein Leben in
Deinen Händen
Für immer
ich liebe Dich

Stunden ohne Dich

Stunden ohne Dich
zäh wie Kaugummi
suche Deine Hand
als kriegt' ich sie nie

Stunden ohne Dich
träume mit offenen Augen
wünsche Deine Wärme
würde sie Dir rauben

Stunden ohne Dich
Marterpfählen gleich
sehne mich zu Dir
Knie werden weich

Stunden ohne Dich
und wenn sie vergehen
halte ich Dich fest
lass Dich nie mehr gehen

Dich zu haben

Dich gesehen
trifft mein Herz
ich will Dich verstehen

Dich zu kennen
verdreht mir den Kopf
ich will nicht mehr gehen

Dir gehören
verwirrt meine Sinne
nur Dich brauche ich

Dir vertrauen
Deinen Augen glauben
viel zu schön für mich

Von Dir geliebt
und fest gehalten
bin immer für Dich da

Dein zu werden
und zu bleiben
Träume werden wahr

Der Weg in Dein Herz

Es gibt keine Tränen
in Deiner Welt
Trost in Deinem Arm

Es gibt keinen Regen
an Deinem Himmel
Dein Herz hält so warm

Es gibt keine Leere
in Deiner Seele
Feuer in Deinem Blick

Es gibt keine Kälte
in Deinen Augen
Du machst mich verrückt

Es gibt kein Ende
in Deiner Liebe
wie gern wäre ich Dein

Gibt es eine Tür
in Dein Leben
komme ich hinein?

Wahre Liebe

Meine Augen suchen Dich
schon so lange Zeit
Meine Träume sterben
in meiner Einsamkeit

Meine Lippen brennen nach Dir
verberge es mir
Meine Angst wächst
schließ schon fast die Tür

Meine Arme sind leer
Träne um Träne für mich
Keine Hoffnung mehr
mein Herz zerbricht

Meine Liebe ist Dein
öffne Dir mein Ich
als ich nicht mehr dran glaube
finde ich Dich

Geh

Geh,
wenn Du gehen willst.
Aber nimm alles mit,
was mich an Dich erinnern könnte.

Verlasse
mich und mein Leben.
Aber komme nie wieder,
damit ich das alles nur einmal durchmachen
muss.

Beende
unsere Freundschaft und verschwinde
aber für immer und ewig,
damit ich nicht auf Dich warte.

Bleib,
wenn Du verzeihst
und ich Dir verzeihen kann.
Nur um mich mit Dir zu vertragen.

Seit Du weg bist

Seit Du weg bist,
gibt es Tränen,
die nicht trocknen.

Seit Du weg bist,
gibt es Nächte,
die nicht vergehen.

Seit Du weg bist,
gibt es Kälte,
die mich verbrennt.

Seit Du weg bist,
gibt es Träume,
die nicht wahr werden.

Seit Du weg bist,
gibt es jemanden,
der mich tröstet.

Wenn ich könnte

Wenn ich könnte,
würde ich Deine Welt verbessern,
Deine Tränen trocknen.

Wenn ich könnte,
würde ich Deine Sterne anzünden,
Dein Lachen zurückholen.

Wenn ich könnte,
würde ich Deine Träume erfüllen,
Deinen Himmel hell machen.

Wenn ich könnte,
würde ich Deine Sonne scheinen lassen,
Deine Wünsche verwirklichen.

Wenn ich könnte,
würde ich Dich glücklich machen.
Wenn Du wolltest…

Ich mag Dich

Ich glaube,
ich könnte alles machen,
könnte für Dich
unter Tränen lachen.

Ich glaube,
ich könnte Berge versetzen,
könnte Dich jedoch
niemals verletzen.

Ich glaube,
ich könnte die Sterne stehlen
und doch nicht
Deine Nummer wählen.

Ich glaube,
ich könnte Dir alles verzeihen,
könnte für Dich
ein Kumpel sein.

Ich glaube,
ich könnte Dich lieben
-   könnte ich Dich auch kriegen?

Ich mag mit Dir zusammen sein

Ich mag mit Dir zusammen sein
so viele schöne Stunden.
Doch immer wenn ich Dich suche,
bist Du schon verschwunden.

Ich mag Dich überall hin begleiten
bei Tag und auch bei Nacht.
Jedes Mal wenn ich Dich frag,
hast Du nur gelacht.

Ich mag Dir immer zuhören,
wenn Du von uns sprichst.
Aber wenn Du mich bemerkst,
sagst Du wieder nichts.

Ich mag mit Dir zusammen sein,
fliegen, träumen, rennen.
Doch gibt es da so viele Dinge,
die mich von Dir trennen.

Du gehst vorüber

Gerade in dieser Minute
denke ich an Dich.
Auch wenn Du mich nicht beachtest,
bist Du liebenswert für mich.

Ich verschwende meine Gedanken
viel zu oft an Dich.
Du gehst an mir vorüber.
Für Dich bin ich Luft – mehr nicht.

In meine Träume
selbst schleichst Du Dich ein
und doch wirst Du nie
ein Stück Wirklichkeit sein.

Ich zwinge Dich in mein Leben,
doch da willst Du nicht sein.
Ich hätte Dir so viel zu geben,
und doch bin ich allein.

Ein einziges Mal

Dich ein einziges Mal
zu küssen
Dir ein einziges Mal
zu gehören
Dich für immer zu vermissen
und nie damit aufzuhören

Ein einziges Mal
in Deinen Armen
Ein einziges Wort von Dir
Ein einziges Mal nur Deinen Namen
in einem Satz mit mir

Ein einziger Blick
in meine Augen
Ein einziges Gefühl
nie zu verdrängen
Ein einziger Mensch
kann sich erlauben
Ein einziges Mal mein Herz zu sprengen

Zu hoch

Ich treffe Dich
und sehe Dich an
Traurige Augen,
als es begann.

Ich verliebe mich
und baue Dich auf
Du schaust glücklich
zu mir herauf.

Ich bleibe bei Dir
und freue mich
Glückliche Augen
verändern Dich

Ich sehe Dich
von unten an
und komme an Dich
nicht mehr heran.

Hand in Hand

Es ist Zeit,
unsere Einstellung zum Leben
zu ändern.

Wir lebten gegeneinander,
immer bereit,
den anderen zu verraten.

In Konkurrenz,
die bis zum
Weitesten ging.

Wir taten uns weh.
Wir merkten nicht,
was wir beide wirklich brauchten.

Es ist Zeit,
die Fronten umzustoßen,
die uns nie wirklich zusammen leben ließen.

Wir müssen anfangen,
Hand in Hand zu leben
-    einer für den anderen.

Denn endlich ist es Zeit,
glücklich zu sein.

Ich vermisse Dich nicht

Ich sehe dauernd zum Telefon,
kritzel Deinen Namen auf Papier.
Aber ich vermisse Dich nicht.

Ich lese Deinen Abschiedsbrief unter Tränen,
küsse Dein Foto.
Aber ich vermisse Dich nicht.

Ich laufe ständig an Deinem Haus vorbei.
Höre immer nur unser Lied.
Aber ich vermisse Dich nicht.

Ich mache mir etwas vor,
aber so viel Stolz habe ich noch,
Dir nicht zu sagen,
dass ich Dich nicht vermisse.

Viel zu viel

Ich träume
viel zu oft und viel zu traurig
von Dingen
viel zu wichtig und verzweigt.

Ich denke
viel zu viel und kompliziert
an Zeiten
viel zu schön und viel zu weit.

Ich lache
viel zu wenig und erzwungen
über Leute
viel zu dumm und viel zu ehrlich.

Ich liebe
viel zu stark und viel zu treu
nur Dich
viel zu lieb und süß für mich.

Behalt mich lieb

Für Dich mach ich
den Himmel blau,
und wenn's auch
noch so stürmt.

Ich jag hinter
den Sternen her,
damit uns
keiner türmt.

Ich fürchte nicht
die größte Macht,
wenn sie uns
trennen will.

Die Grenzen
Deiner Liebe nur
machen mir
mein Herz still.

Für Dich wünsch ich
mir Gutes viel
- nur Liebe, Freud
und Glück.

Ich schenke
all die Zärtlichkeit
Dir tausendfach
zurück.

Und wenn Du einmal
gehen willst,
so seh in
mein Gesicht.

Ich liebe Dich
mit ganzem Herz,
die Freiheit
liebt Dich nicht.

Ich hab einmal geträumt

Ich hab einmal geträumt,
davon ein Held zu sein.
Und ich lebte für andere,
doch ich blieb allein.

Ich hab einmal gehofft,
jemandem Glück zu schenken.
Und ich mühte mich für andere,
ohne an mich zu denken.

Ich hab einmal gewünscht,
alle Not zu lindern.
Und ich setzte mich ein,
konnt doch nicht viel verhindern.

Ich hab einmal geglaubt,
an die Sonne in allen Herzen.
Und ich liebte für andere,
es bereitete mir Schmerzen.

Ich hab einmal geträumt,
von Dir geliebt zu sein.
Und ich sterbe für Dich,
denn ich bin allein.

Herz aus Stein

Ich weine,
niemand trocknet Tränen.
Ich kann mich
an niemanden lehnen.

Ich friere,
tief in meiner Seele.
Warum muss ich mich so quälen?

Ich sehne mich
nach braunen Augen.
Bei Dir darf ich's
mir erlauben.

Ich lebe,
und doch sterbe ich.
Ich denke leider
nur an Dich.

Ich träume,
nie mehr alleine sein.
Wie breche ich
Dein Herz aus Stein?

Ich weiß es nicht

Ich glaube,
dass Deine Liebe
Ketten sprengt.

Dass nur
Dein Herz
das meine lenkt.

Ich glaube,
dass meine Welt
Dein Leben ist.

Dass Du das
Glück meiner
Träume bist.

Ich glaube,
dass ich Dich
nie allein lass.

Dass ich auf
Dein Gefühl
aufpass.

Ich glaube,
dass mein
Herz zerbricht.

Wenn Du
mir sagst,
ich weiß es nicht.

Mit Dir

Mit Dir machte
mir mein Leben
so viel Spaß.

Mir Dir war
ich verrückt,
spontan – ich war's.

Mir Dir hatte
ich das ganz
große Glück.

Mir Dir –
ich schau
nur noch zurück.

Mir Dir konnt
ich lachen und träumen
bis nachts um vier.

Mit Dir –
ach wärst Du
nur hier.

Mir Dir fühlte
ich Liebe
nur für mich.

Mit Dir war ich
glücklich,
doch ohne Dich…

Nicht für Dich

Für mich zu lang,
für mich zu viel,
auf Dich zu warten,
ohne Dich zu sein.

Für mich so schlimm,
für mich so hart,
Dich zu vermissen
und so allein…

Für mich vergebens,
für mich umsonst,
an Dich zu glauben,
auf Dich zu bauen.

Für mich verletzend,
für mich real,
Dich zu lieben,
Dir zu vertrauen.

Für mich bist Du,
für mich nicht mehr.
Dich wegzugeben,
das zu kapieren.

Für mich in Tränen,
für mich allein.
Dich zu vergessen,
Dich zu verlieren.

Dunkle Wolken

Ich kann nur
eines denken:
Ich lebe
nur für Dich.

Dir meine Liebe
zu schenken,
ist mehr als
Glück für mich.

Ich will nur
bei Dir bleiben,
Dir in die
Augen sehen.

Meinen Körper
an Deinen reiben,
auf Deiner
Seite stehen.

Ich kann nur
davon träumen.
Du bist so
fern von mir.

Musste meinen
Platz ihr räumen,
denn Dein Herz
gehört ihr.

Wenn ich an Dich glaube

Wenn ich Dich habe,
tue ich alles für Dich.
Wenn ich Dich brauche,
verscheuch ich Dich nicht.

Wenn ich Dir traue,
hast Du alle Freiheit.
Wenn ich mich nach Dir sehne,
hast Du für mich Zeit.

Wenn ich Dich küsse,
tue ich das mit Gefühl.
Wenn ich Dich liebe,
bedeutet mir das viel.

Wenn ich einsam bin,
nimmst Du mich in den Arm.
Wenn ich vor Kälte zittere,
hältst Du mich warm.

Wenn ich von Dir träume,
bleibst Du Wirklichkeit.
Wenn ich Deine Nähe brauche,
bist Du nicht weit.

Wenn Du mir gehörst,
werde ich glücklich sein.
Wenn ich Dir begegne,
bin ich nie mehr allein.

Meine Zeit

Ich schaue hoch,
die Zeit heilt doch?
Ich verliere,
ich hab schon verloren.

Du bist da,
wenn ich falle.
Du tröstest,
trocknest meine Tränen.

Wo bist Du?
Du hast es versprochen!
Komm her,
und halt Dich dran.

Ich muss laufen,
rennen, so schnell es geht.
Damit die Zeit
auch vorbei geht.

Die Zeit, die
mir meine Wunden heilt.
Die Zeit, die
mir Deine Liebe einbrannte.

Und nun sitz
ich hier allein.
Irgendwann ist es vorbei -
mit der Zeit oder mit mir.

Meine Freiheit

Und wieder sitz
ich hier allein.
Allein mit meinen Gefühlen,
meiner Einsamkeit.

Tränen in meinen Augen
und das nur,
weil Du wieder einmal
nicht bei mir bist.

Abhängig bin ich
von Deiner Nähe,
Deiner Zuneigung,
Deiner Liebe.

Doch Du willst
Deine Freiheit,
Ablenkung,
mal was anderes erleben.

Wo bleibt meine Freiheit,
die ich nur für Dich aufhebe
und die Du mir nimmst,
wenn ich wieder einmal an Dich denke?

Falsch verbunden

Ich sitze hier vor dem Telefon,
ich warte darauf, dass Du anrufst.
Von Sekunde zu Sekunde
machst Du mich nervös.

Warum klingelt es nicht?
Ist Dir was passiert?
Hast Du mich vergessen,
oder einfach keine Zeit?

Mein Puls geht schneller,
mein Herz – es hüpft.
Ich bin durcheinander,
doch es klingelt nicht.

Oh nein! Vielleicht die falsche Nummer.
Oder hast Du sie verloren?
Aber langsam glaube ich,
ich bin falsch verbunden.

Ich bin allein

Ich sehne mich
hin zu Dir
doch ich bin allein.

Du gehst raus
aus meiner Tür,
muss ich traurig sein.

Ich trauere
Deinem Herzen nach,
verdammt mich einsam hier.

Gab ich nicht
auf Deines acht,
muss ich Dich verlieren.

Sterne

In Deinen Augen
liegen die Sterne,
und auch deshalb
hab ich Dich gerne.

In Deinem Arm
träum ich von Dir
–   von Deiner
Zärtlichkeit zu mir.

In Deinem Blick
find ich mein Leben.
Könntest Du mir
nur Deines geben.

In Deinem Herz
möchte ich sein,
doch nie gelange
ich hinein.

Einmal

Einmal sah ich Dich
und schon war mir klar:
Ich verliebe mich
und es wurde wahr.

Einmal küsst Du mich
und ich spüre gleich:
Du willst mich für Dich
und ich mach's Dir leicht.

Einmal gingst Du aus;
ich kann's nicht verstehn.
Ahnte es voraus
Ja – Du würdest gehn.

Einmal sah ich Dich
und schon war mir klar:
Du verliebst Dich nicht
und es wurde wahr.